AF175253

Cora A. Schwindt

Felisha Ж FRIDOR

In der Liebe ist alles möglich

Bibliografische Information der Deutschen Nationalbibliothek:

Die Deutsche Nationalbibliothek verzeichnet diese Publikation in der Deutschen Nationalbibliografie; detaillierte bibliografische Daten sind im Internet über http://dnb.dnb.de abrufbar.

Illustrationen und Cover: **Cora A. Schwindt**

Herstellung und Verlag:
BoD – Books on Demand, Norderstedt
ISBN: 9783752803594

Widmung

Ich widme diese Geschichte allen, die an die bedingungslose Liebe und an das Leben glauben und bereit sind, sich dem ‚MEHR' zu öffnen!

Inhalt

Vorwort

Was haben die beiden Schmetterlinge auf dem Cover mit einer Geschichte zu tun, bei der es um einen Hund geht?

Der Schmetterling ist ein wunderbares Symbol für Transformation. Zuerst lebt er als Raupe und entpuppt sich dann zum Schmetterling.

Im Endeffekt geht es in diesem Buch um Bewußtwerdung, Transformation und um die bedingungslose Liebe, die wir als Menschen erleben können und wie wir uns durch die Dimensionen frei bewegen, tanzen zu können.

Zusammen mit meiner Golden Retriever Hündin Felisha durfte ich dieses erleben.

Während ich mein Bewußtsein ausdehnte und Hand in Hand damit meinen Körper und meinen Geist transformierte, geschah etwas ähnliches auch mit ihr.

‚Wie kann das sein, dass tatsächlich eine Seele reinkarniert, wieder in einen neuen Körper kommt, also einfach alter weg, neuer her…‘

Durch unsere innigliche Verbundenheit über 14 Jahre zog es sie, gleich nachdem sie ihren - nicht mehr funktionstüchtigen Körper - abgelegt hatte, wieder zu mir.

Ich musste so gar nicht den Schmerz der Trauer durchleben, sondern war ganz ausgerichtet, sie zu begleiten auf ihrer Reise durch die Dimensionen und zurück zur Erde!

Dieses wunderbare Wesen kam zu mir zurück... und dieses Mal ausgestattet mit dem Körper und Charakter eines West Highland Terriers - als Rüde!

Sie gab mir einige Zeichen bevor und auch nachdem sie gegangen war, alles passte zusammen und ich bekam viele Hinweise, die deutlich machten: ja, es stimmt und ist wahr!

Ich durfte sie während dieses ganzen Prozesses begleiten und erfahren, dass der Tod eine Illusion ist und für die Liebe keine Grenze darstellt.

Mit bewusster Wahrnehmung und geöffnetem Herzen können wir erleben, dass auf anderen Ebenen gleichzeitig soviel mehr mit uns passiert!

Diese Geschichte mag uns darin bestärken, der eigenen Stimme und inneren Wahrnehmung tief zu vertrauen und sich dem unendlichen Reichtum zu öffnen, mit dem uns das Leben beschenken möchte und den zu empfangen wir in der Lage sind.

-1-

Jetzt ist sie weg, sie ist gegangen, ich sehe sie nicht mehr hier um mich herum. Sie fragt nicht mehr: 'gehen wir endlich Gassi?' oder: 'hm, gib mir doch ein Stück Käse ab...'

nein, sie ist weg...

Zwei Tage bevor sie ging, machte ich noch eine Sitzung mit ihr.

Ich sah, dass sie heftig zitterte und dachte: 'Oh, es fällt ihr schwer zu gehen; sie weiß es, aber es ist schwierig...'

So legte ich mich zu ihr und streichelte sie und atmete mit ihr. Schon bald beruhigte sich und ließ ihren Kopf nach hinten fallen.

Das war schön, weil ich fühlen durfte, wie sehr sie mir vertraute.

Am nächsten Tag war ich den ganzen Tag sehr unruhig und wusste nicht, was ich am besten tun sollte.

Gegen Nachmittag fiel mir eine Bekannte ein, bei der Feli, als sie klein war, öfter gehütet wurde.

Diese hatte schon mehrere Hunde und mir kam, sie könne tatsächlich nachvollziehen, wie es mir erging.

Ich rief sie an und vermittelte ihr, was los sei.

Sie meinte, den Hund einschläfern zu lassen, sei eine Erlösung für ihn.

So rief ich um halb acht Samstag Abend die Tierärztin an: 'Wir können nicht mehr.'

Ich hatte nachmittags den Satz gehört: 'Ich kann nicht mehr!' und wusste nicht genau, ob Feli das zu mir sagte oder ich zu ihr.

Annette, das ist der Name der Tierärztin, war gerade mit ihrem Mann auf dem Weg ins Kino, sie hatten Karten und wir verabredeten, dass sie mich anrufen würde, sobald sie um halb elf aus dem Kino kämen. Wenn ich mich entschieden hätte, es noch am gleichen Abend zu tun, würde sie kommen oder sonst am nächsten Tag, Sonntag morgens zwischen 9.00 und 10.00 Uhr.

9

Ich bereitete alles vor, zündete Räucherwerk an, ordnete einige Dinge. Dann legte ich mich aufs Sofa und sah mir einen Film auf YouTube an: 'Das Zauberpferd'.

Der Inhalt passte so gut zu Felisha und was wir gerade zusammen durchmachten, es war ein Segen!

Um halb elf nachts rief Annette an und ich sagte ihr, wir seien bereit.

Sie kam in Begleitung ihres Mann, was mir recht war, denn ich mag ihn.

Ich war obercool, legte mich zu Feli und streichelte ihren Kopf, während ich irgendeine Episode vom Tod meines Vaters erzählte, einfach um abzulenken, es passte ja auch zum Thema.

Annette sagte zu Feli: 'na, du kleine Motte', es war alles sehr ruhig und liebevoll.

Zuerst gab sie die Spritze zur Narkose. Sie fand die Vene nicht, Feli musste leider noch etwas zucken, weil es pickste.

So gab Annette ihr die Spritze in den Bauch.

Feli entspannte sich und schlief ein.

Danach gab sie ihr die zweite Spritze, damit sie gehen konnte...

Naja, nun war es geschehen und Felisha erlöst. Es war Samstag, der 10. Februar.

Die Tierärztin und ihr Mann verabschiedeten sich und als ich zu Feli ging, nahm ich wahr, dass ihr Körper noch ganz warm war. Das hielt eine ganze Weile an. Ich legte noch einmal ihren Kopf zurecht und 'betete', was das auch immer war.

Dann ging ich weg, wahrscheinlich eine rauchen.

Als ich später schaute, war ihr Körper steif und kalt.

Zum ersten Mal wieder schlief ich in meinem Bett.

Die ganze Zeit zuvor hatte ich im Wintergarten in ihrer Nähe geschlafen.

Obwohl sie bisweilen immer mehr einen anderen Schlafplatz aufsuchte, im Flur oder im Windfang.

Vielleicht wollte sie sich eher zurückziehen und nicht so nahe sein.

Sie hat ja auch seit Jahren nachts nicht mehr in meinem Schlafzimmer geschlafen.

An einem Samstag im Januar hatte ich mit meiner Freundin Vesna diese Sitzung gemacht, eine Visionsreise und ich wusste schon im Vorfeld, ich müsse eine solche machen, obwohl Vesna mir eine andere Technik vorgeschlagen hatte. Ich bin aber lieber kreativ und erfinde mein Erleben.

Hier die Reise:

Zu Anfang befand ich mich in einem Heilschlammbecken und ich spürte, dass ich das erst einmal brauchen würde.

Ich bat Erzengel Michael herein. Es schwebten noch einige kleine Engelwesen an der Fensterseite entlang. Als Vesna fragte, ob sie von der Zentralsonne kämen, wurde dies bejaht.

Ich fragte ihn, ob es recht sei, meine Mutter zu rufen. Ja, es war gut.

So rief ich sie herein, sie kam auch in Begleitung von Geistigen Wesen.

Ich sagte ihr: 'Ich habe noch ein Hühnchen mit dir zu rupfen' und dass sie mich missbraucht hatte, mir mein Leben geklaut, nur für ihren Ruhm...

Sie reagierte mit: 'deine Rede überwältigt mich, du bist so streng' etc.

Dann versuchte sie alle möglichen Ablenkungsmanöver, indem sie von ihrer Traurigkeit wegen diesem und jenem berichtete. Sie berichtete auch, dass sie sich nicht schön vorkam als Frau in ihrer Weiblichkeit, nicht anerkannt von ihrem Mann.

Als ich sie auf die Vergewaltigungen während des Krieges durch die Russen ansprach, zog sie sich zusammen und wollte gehen.

Ich ließ es nicht zu und sagte ihr, sie müsse das jetzt aushalten.

Sie bat, ihre Arme in den Heilschlamm zu strecken, was ich zuließ. Dann bat sie, ganz eintauchen zu dürfen, blieb aber auf meinen Wunsch hin nahe dem Beckenrand.

Dort wurde ihr etwas Dunkles aus dem Unterleib gezogen zu der links unten liegenden Beckenecke, wo es verschwand, um entsorgt zu werden..

Danach befahl ich ihr, sich wieder an den Beckenrand zu setzen. Ich forderte sie auf, sich zu entschuldigen für das, was sie mir angetan hatte.

Sie wollte sich nicht entschuldigen, selbst dann nicht, als Vesna ihr zusprach, dass es nicht schlimm sei, Fehler zu machen, weil man sich immer entschuldigen kann. Und Vesna sagte auch, dass ich endlich frei sein möchte, mein Leben zu leben und dass sie auch für sich selbst das erlösen könne und ins Licht gehen, wenn sie um Vergebung bäte.

Sie tat es nicht. Deshalb forderte ich sie auf, sich auf die Zahl 3 zu entschuldigen oder sie müsse gehen. 1-2-3... nichts.

So befahl ich ihr: ‚RAUS!‘ und sie musste gehen.

Ich fragte Erzengel Michael, ob wir das so stehen lassen können? JA! war die Antwort.

Ich fühlte mich prächtig!

Dann geschah eine Transformation. Lichtkugeln kamen herein wie eine Fontäne und reinigten alles, den Boden, das Becken...

Danach kletterte ich die Felsen hinunter außerhalb des Heilschlammgebäudes, ein Wasserfall war da und es roch herrlich nach frischem Wasser und Natur.

Unten angekommen lehnte ich mich zur Stärkung an die Felsen und sog die kräftigende Energie auf.

Dann ging ich zum Strand. Ich legte mich auf den warmen Sand und fühlte mich sehr wohl.

Schräg hinter mir war jemand. Es war Saint Germain.

Er sagte: 'Das hast du gut gemacht mit der Mutter'.

Dann sprach er:

'Ab jetzt befürwortest du dich, sprichst für dich, hälst Fürsprache für dich!'

13

Dann saß da Kuan Yin rechts vor mir und hielt eine ovale Schale mit Lotusblüten darin in ihren Händen. Ich nahm den Duft und die Frische der Blütenblätter in mich auf, auch den Raum zwischen Wasser und Blütenblätter nahm ich wahr und auf.

Kuan Yin sagte: 'Das Ganze sollst du haben, im Namen von Allen',
und noch einiges sagte sie…, und dass es so schön sei, wenn ich all das Verrückte in mir ausdrücke und das solle ich ruhig mehr tun, alles rauslassen!'

Ich nehme die Frische der Blüten tief in mich auf, in mein HERZ.
Etwas Dunkles löst sich aus meinem Herzen.
Ich sage: 'Es war so schwer, das zu tragen, es hätte mein Herz fast zerrissen!'
Es soll entsorgt werden.
Wir bringen es zu dem Oktopus, der am Strand liegt. Er hat ein bisschen die Ausstrahlung eines Einhorns.

Der nahm es in sich auf und brachte es mit kräftigen Schwimmzügen zum Meeresboden, wo es eine Entsorgungsstation gab.

Ich dankte und war erlöst. Mein Herz konnte wieder verschmelzen, EINS werden.

Es war jetzt heil und ganz!

Danach gingen wir zu einem Pavillon am Strand. Viele Meister waren da und auch ein paar rosa Sonnenengel, die am oberen Rand des Pavillons lustig hintereinander schwebten.

Alle waren fein angezogen und es roch nach Champagner. Wir stießen an und es war eine sehr feierliche, elegante Stimmung.

Ich wagte zu fragen: 'Sag mal, Kuthumi, die anderen Meister und Freunde wissen von uns, unserer Liebes- Beziehung. Ist es angemessen, dass wir uns hier unter ihnen auch als Paar zeigen,
dass wir hier auf dieser Ebene als Paar auftreten?'

Die Meister tuscheln miteinander, dann löst sich ein jüngerer Meister (ungefähr12 Jahre alt) aus der Menge und kommt zu uns.

Der junge Meister, er verneigt sich und legt eine Blume zu meinen Füßen.
Unter dem Blumenbogen stehen wir so.
Es berührt mich zu Tränen, ist mir aber zu stark.
Und so sage ich 'lässig-cool': 'Das habe ich mir gedacht!'

Wir fragten nach Felisha und was sie brauche für ihren Körper.

Spaziergänge, längere Ausflüge, auch gut für Cora.
Viele Streicheleinheiten, Zärtlichkeit,
tief in die Augen blicken, sie trösten,
über das Leid, das sie durch mich geblickt hat.
Das hat sie auch erschrocken.

Ihr Liebe ins Ohr flüstern, ihr Ohr küssen.
Das heilt Cora auch mit.

Ein bisschen geduldiger sein mit mir und ihr.

Uns mehr Zeit lassen.

Ich muss nicht schnell sein.

Kann ruhig sein und behaglich, brauche nicht mehr alles auf einmal machen.

Ich darf und kann mich auch einfach mal an Kuthumi anlehnen.

Lass es dir wohlergehen!

Dann sah ich da noch ein Tier, einen Hund oder eine Katze, nahe bei den Meistern unter dem Pavillon, es sah recht ätherisch aus, etwas durchlässig. Ich fragte, was es sei und mir wurde gesagt, das würde ich noch erkennen.

Dann lösten wir auf.

Am darauffolgenden Tag, Sonntag, den 29. Januar entschloss ich mich, mit Feli zur Tierärztin zu gehen und sie untersuchen zu lassen.

Sie hatte nämlich seit Freitag nichts mehr gefressen und am Samstag und Sonntag wollte sie nur ganz kurz Gassi gehen und dann gleich wieder zurück.

Ich sah jetzt, dass wirklich etwas nicht stimmte.

Ja, ihr Bauch war ja schon lange sehr fest und auch etwas dicker , wie es mir erschien.

Im Sommer hatte sie mal eine Phase lang sehr starken, auch teilweise blutigen Durchfall. Die Naturheilärztin verordnete ihr 'Ausschlussdiät' und eine Menge verschiedener Medikamente (aus der Natur).

Sechs Wochen lang nur Pferdefleisch...

Aber egal, nach ein paar Wochen rief ich diese Ärztin noch einmal an, weil der Bauch von Feli mir doch allzu dick vorkam.

16

Sie kam und setzte Felisha ein paar Akupunkturnadeln, tastete ab und meinte, es seien Blähungen, deshalb sei der Bauch so hart.

‚Nun, besser, als wäre es etwas Schlimmes‘, dachte ich.

Es war natürlich eine Fehldiagnose.

Und ich glaube, es war genau richtig.

Denn so, wie dann die Dinge geschahen und sich entwickelten, konnte sich alles verdeutlichen, erlöst und erkannt werden.

Das war und ist so wertvoll!

Nach meiner Entscheidung an dem Sonntag im Januar, ging ich dann am Montag mit Feli zur Tierärztin. Dort entdeckten wir durch Ultraschall und Röntgen, was los war.

Die Ärztinnen schlugen mir zwei Möglichkeiten vor: entweder gleich einschläfern, weil die Schmerzen, wenn der Tumor platzt, zu groß wären für das Tier,

oder operieren.

Mir kamen die Tränen... ich würde Felisha verlieren, das wusste ich wohl...

Ich entschied für Operation, da das Band zwischen uns so lebendig und nah war.

Am nächsten Tag, Dienstag wurde sie operiert und ich sah den Tumor: kopfgroß,

ungefähr 4 kg schwer!

Ich realisierte auch bei dem Anblick, wie dieser hungrige 'Virus' alle Energien des Lebens aufsaugt, sich davon ernährt und immer dicker wird und alle anderen gesunden Organe zur Seite drängt.

Ja, so arbeitet diese zehrende Energie...

Sie frisst das Leben auf und verdrängt alles Lebendige, Gesunde, Fröhliche zur Seite!

Und dann habe ich erkannt, wie Feli das Dunkle die ganze Zeit mit mir, für mich mitgetragen hat.

In der Sitzung der Visionsreise mit Vesna war dieses Dunkle aus meinem Herzen herausgenommen worden und nun konnte Feli auch davon befreit werden.

Auch bei meiner Mutter wurde ja etwas Dunkles aus ihrem Leib gezogen und entsorgt...

Ich habe dann realisiert, dass ich und Feli EINS sind, zwar in zwei Körpern, aber eigentlich und

in Wirklichkeit e i n s !

Und da ist eine so große LIEBE!

Feli hat das die ganze Zeit mitgetragen,

oder auch: sie war die ganze Zeit bei mir, 14 Jahre lang, sonst hätte ich es wohl nicht geschafft!

Mir fiel auch heute noch ein, wie sie lange gehumpelt hat, so stark, dass ich kaum hinsehen konnte.

Als mein Knie gesund wurde, seit sich Kuthumi in meinem Leben sichtbar machte, hörte bei ihr auch das Humpeln auf! Und sie konnte wieder rennen, hopsen, springen und Treppenlaufen...

Ja, sie hat auch einen Lichtkörper bekommen mit mir...

DAS stimmt!

Mir kam das öfter so vor, wenn ich geshiftet bin, wenn sich in meinem Körper etwas veränderte, schaute sie und nahm das wahr und ich sagte ihr dann manchmal: 'na, damit musst du jetzt klarkommen, auch wenn es sich etwas komisch anfühlt, lass es einfach zu…'

Drei Mal bin ich fast umgekippt, nachdem Felisha gegangen war, totale Schwäche. Einmal war es zu Beginn der Ballettvorführung, die ich mit meinem Sohn Victor und seiner Freundin, direkt am selben Tag, nach der Beerdigung von Felisha, besuchte. Die beiden hatten mir eine Eintrittskarte geschenkt und ich entschied, ich solle das machen, dorthin gehen nach all der anstrengenden Zeit des Begleitens von Felisha.

Ich konnte mich kaum auf dem Stuhl halten.

Als das erste Stück losging, bekam ich eine Gänsehaut nach der anderen über meinen ganzen Körper und die Schwäche war wie weggeblasen! Ja, ich konnte ganz mitgehen mit der Freude, die die Tänzer und die Musik ausstrahlten.

Das andere Mal geschah es beim Klavierunterricht am nächsten Tag, Montag: Ich konnte nichts mehr aufnehmen, bin auch fast vom Klavierhocker gerutscht. Die Klavierlehrerin hatte Verständnis und war sehr freundlich zu mir.

Ich glaubte, das war meine Art des Trauerns, weil ich nicht so gut weinen kann.

Ein paar Mal habe ich geweint, aber nur kurz. Einmal sogar bei einem Telefongespräch mit meiner Tochter Kerstin. Das war überraschend!

An den ersten Schwächeanfall erinnere ich mich nicht mehr.

Es könnte sein und das ist, was ich jetzt glaube: diese Schwächeanfälle wurden in Wirklichkeit ausgelöst, wenn ich zu intensiv ‚draußen' war mit Feli, quasi mit ihr auf der anderen Seite.

Als ich dies gerade schreibe, durchströmt mich eine Empfinden von Geborgenheit und Wärme, wie eine Bestätigung für meine Ahnung, die ich oben beschrieb.

Ich hatte vor einigen Jahren in einem Kurs gelernt, verstorbene Seelen auf der anderen Seite durch die Nahen Erdbereiche und durch die Kristallinen Bereiche zu ihrer Ursprungs-Engelsfamilie zu bringen, zur ‚Brücke der Blumen' und dies auch schon öfter praktiziert. Ich glaube, bei Felisha war es eine Version davon.

Ja, in gewisser Weise erlebe ich es so, als sei ich da auch ‚mitgestorben' - im Körper bleibend… und bin dabei, einen neuen Körper zu bekommen, er bildet sich gerade.

Dies hat sich gezeigt bei einer Massage bei Marianne, zu der ich schon seit Jahren gehe und sie stellte fest, dass sich mein Körper anfühlte, als sei ich das erste Mal bei ihr.

Ich selbst hatte das Gefühl, wie ein ‚Alien' zu sein… ich sah auch um meine Arme und Beine so etwas wie hautfarbene Rohre, aus welchem Material auch immer, die noch teilweise lose etwas ineinander geschoben waren.

Als Marianne meinte, dass es ja gut sei, dass ich jetzt gerade zu ihr gekommen und die Massage für den Prozess bestimmt unterstützend sei, fühlte ich, dass sie mit ihren heilenden Händen meinen Neuen Körper gar nicht erreichte…

(beim nächsten Mal war es dann übrigens nicht mehr so)

Am zweiten Morgen nach Felis Beerdigung wachte ich auf und ‚sah' im Halbschlaf, wie sie rechts neben der Treppe, die in den Garten führt, lag, den Kopf zum Garten hin und - auf der linken Seite noch einmal mit dem Hinterteil zum Garten hin. Sie hatte sich verzweifacht!

Ich musste laut lachen, was für ein Einfall! Sie war fähig zu etwas, wozu ich bisher noch nicht in der Lage war! Es war so lustig und hatte auch etwas von Kuthumis Humor!

Der Anblick erinnerte mich an Sphinxen, aber ihr Kopf war nicht nach oben gehalten, wie beim Bewachen, sondern lag eher auf den Boden gekauert.

Dann sah ich noch einen Pixi, einen Elf im Garten, der sich auf die Stelle zubewegte, wo sich das Feenreich befindet und die Stein-LOVE-Skulptur…

Vorher wurde mir gesagt: ‚Kopf ab!‘, das heißt, ich solle meinen Verstand, meinen ‚mind‘ ausschalten, dann könne ich die Pixis und so vieles mehr, was es auf diesen Ebenen gibt, wahrnehmen.

Felisha ging übrigens kurz vor ihrem ‚Tod‘ immer dort hindurch, als wolle sie sich von den Naturwesen, die in diesem Bereich meines Gartens leben, verabschieden.

Der Elf war in etwa so groß wie ein neunjähriges Kind, es war ein Junge und er hatte stacksige Gliedmaßen, ähnlich, wie Feli zum Schluss auch aussah…

Am Freitag Abend, einen Tag bevor sie eingeschläfert wurde - was ich zu diesem Zeitpunkt jedoch noch nicht wusste - habe ich ihr die Visionsreise, die ich mit Vesna gemacht hatte, vorgesungen.

Diese Reise hatte ja soviel mit dem zu tun, was Felisha für mich getan und getragen hatte und was wir gemeinsam erlebt hatten.

Der ganze Raum war danach von einer solchen LIEBE erfüllt und von STILLE, in die wir zusammen tief eintauchten.

Ein Teil des Textes der Reise sang ich ihr noch einmal in der Zeit vor, als wir auf Annettes Anruf nach ihrem Kinobesuch warteten…

Was Feli mir ‚vererbt' hat:

Dass es gut ist, auch einmal die Liebe und die Unterstützung von anderen Menschen anzunehmen, wenn die eigene Liebe nicht reicht, dass ich auch mal ‚schwach' sein darf.

Bislang dachte ich immer, ALLES alleine machen zu müssen...

Einmal holte ich nämlich meinen Sohn Victor und auch ein anderes Mal Vesna zu mir, weil ich merkte, dass ich es nicht mehr alleine tragen konnte.

Das andere ist, dass ich nicht immer alles so rein halten muss. Das Leben ist wichtiger, es geht um etwas Wesentlicheres im Leben und ich brauche nicht soviel Energie darauf verwenden, dass

alles ‚r e i n' ist.

Schon vor ihrem Tod überkam mich einmal das Gefühl von größter Freude und Leichtigkeit!

Als wäre der Tod gar nicht!

23

Als ich ein paar Tage nach ihrer Beerdigung zu einem Blumenladen fuhr, um ein paar Pflanzen für das Grab zu kaufen, stand ich auch vor den Grabkerzen, die ja eigentlich ganz praktisch sind mit ihrem Deckel, so dass die Kerzen nicht ausgehen.

Ich stand also davor und es erinnerte mich so stark an das Gefühl, das Menschen haben, wenn sie an einem Grab stehen, das Gefühl von Tod.

Und ich sagte innerlich laut und deutlich: ‚Nein, wir sind doch nicht blöd, wir verschreiben uns nicht dem TOD!‘

Eigentlich hatte ich ja schon immer mal wieder im letzten Sommer den Eindruck, dass Feli gehen könnte. Ich wollte das nicht wahrhaben. Lieber redete ich mir ein:‚Ah, sie wird vielleicht achtzehn Jahre alt...‘

Kurz bevor die wirkliche Diagnose bekannt wurde, ging ich zwei Mal an Felisha vorbei und beachtete sie gar nicht, ignorierte sie vollkommen, als würde ich ihre Gegenwart ausblenden.

Das erstaunte mich, es erschien mir so hart.

Es könnte jedoch sein, dass ich ihr, noch unbewusst, mitteilte, dass sie gehen könne…

Nach ihrem Weggang hörte ich mir einmal zu, wie ich zu jemandem sagte:
‚Es war schon überfällig...‘

Ach, wir hatten uns so geliebt, deshalb haben wir so lange gebraucht, bis alles durch war und nichts mehr weiter ging!

Nach der OP saß ich oft bei Feli, stundenlang neben der Box in der Tierarztpraxis, in der sie ihre Infusionen bekam. Ich las in einem interessanten Buch, das war gut und lenkte mich ab.

Später gab ich ihr dann die Infusionen zuhause, sperrte ihre Liegestätte ab mit einem Holzgitter, das mir die Chefin des Hundefutter- Laden geliehen hatte.

Felisha stand ab und zu mal auf und riss den Ständer samt Infusionsflasche um. Das war aufregend!

Es war aber auch lustig, wenn sie mit der Decke, mit der ich sie zugedeckt hatte, herumlief, wie ‚undercover...'

In diesen Tagen umarmte ich sie viel, küsste sie und flüsterte ihr LIEBE ins Ohr..., trug sie die Treppen rauf und runter, wenn sie nicht selbst lief, trug sie vom Auto ins Haus etc.

Lustig-lässig war, wenn ich sie einfach bei dem hinteren Teil ihres Körpers packte, die Hinterbeine zur Seite und sie so ‚umlegte', denn sie konnte sich nicht mehr alleine hinlegen.

Manchmal sprach ich ihr die Worte ‚Ich liebe dich' ins Ohr, diese magischen Worte und das machte dann auch immer einen solchen Unterschied für mich selbst! Es war, als würde ich das in diesem Moment auch zu mir selbst sagen.

Ich kann es nur empfehlen, such dir jemand, dem du diese Worte sagst und du wirst sehen, was passiert!

Ich habe in diesen Tagen den Film von dem Pferd ‚AMANDA' gesehen, das war ein großartiges Wesen und es hatte mit dem, was es tat, soviel Ähnlichkeit mit Felisha!

Öfter tauchte ja auch auf, dass Feli in einem anderen Leben mein Pferd war… und als jüngerer Hund verwunderte sie manche Leute beim Gassigehen, weil sie so trabte, dass es aussah wie bei einem Pferd…

Einmal, als ich so bei ihr lag, ‚schickte' sie mir Bilder von zwei Orten, zu denen wir Ausflüge gemacht hatten.

Ich erschrak ein bisschen, denn ich ahnte, dass sie dabei war, Rückblick auf ihr Leben zu halten und mir danken wollte für diese schönen Momente.

Am Tag ihrer Operation fraß sie vier Mal danach und beim Gassigehen trabte sie fast den ganzen Weg, so befreit fühlte sie sich ohne das Gewicht des Tumors!

Danach ging es aber bergab mit ihr, da die Blutwerte sich sehr schlecht entwickelten und ihr Körper das Knochenmark zum Ausbalancieren benutze, was enorm an ihren Kräfte zog.

Sie fraß nichts mehr und so entschloss ich mich, sie jetzt in Ruhe zu lassen mit den Medikamenten und Infusionen.

Sie befand sich ab diesem Mittwoch wie auf einem Seil balancierend, zwischen LEBEN und STERBEN… das war so krass!

Am vorletzten Tag, bevor sie ging, entdeckte ich Putenbrust, kochte sie in Gemüsebrühe und – Feli konnte nicht genug davon bekommen! Ich kaufte mehr und sie fraß mit dem größten Appetit und Genuss, leckte sogar den Teller ab, das war wohl ihre ‚Henkersmahlzeit'…

Es war so schön, sie noch einmal so fressen zu sehen, mit einem derartigen Vergnügen!

Einmal im Sommer davor ,sah' ich ein kleines, sehr lustiges und quirliges Tier in meinem Garten herumspringen und dachte: ,Hm, einen solchen Charakter wird mein neues Tier haben, werde ich dem gewachsen sein - in meinem Alter…?

In dieser Zeit hatte ich auch einen ,Flash' von einem Tiergesicht: weißes Fell und spitze Ohren nach oben.

War es eine Katze oder ein Hund? Ich wusste es nicht.

Als ich zwei-drei Tage, bevor sie ging, bei ihr lag, kam mir wieder dieses Gesicht vor mein inneres Auge.

Ich drehte mich zu Feli: 'hast du mir das eben geschickt?'

Der Name des neuen Tieres wurde mir auch schon verraten: ,Fridor'…

Als ich dann zu meinem Geburtstag nach Amsterdam fuhr und die Zeit bei meiner Tochter Grace und ihrer Freundin Iose verbrachte, wollte ich nur eins: herausfinden, ob das Tiergesicht in der Vision eine Katze war oder ein Hund.

Wir erkannten, dass es das eines Hundes war. Passt besser zu mir, da ein Hund Struktur gibt und mich dazu bringt, aus dem Haus zu gehen, auch eine andere Art der Ansprache und des miteinander Umgehens…

Iose meinte gleich, das sei das Gesicht eines ,West Highland Terriers'.

Ich überwand meine Scheu und mein Herz und bat Grace, im Internet zu schauen.

Es war das Einzige, was ich tun wollte.

Wir schauten gemeinsam nach Züchtern und schauten uns Bilder von Westies an.

Es war erstaunlich für mich, dass ich so ,straight' darauf zuging!

Wieder zuhause angekommen, verabredete ich mich mit Vesna.

27

Ich bat Vesna mit mir für einige Fragen, die ich hatte, mithilfe des kineosologischen Test des Armmuskeldrückens, ANWORTEN zu erhalten.

Wir fragten:

‚Ist es ein West Highland Terrier?‘ - JA!

‚Ist es ein männlicher Hund?‘   - JA!
(das hatte ich schon gefühlt und der Name ist ja auch eher ein Name für einen Rüden)

‚Befindet sich der richtige Züchter im Umkreis von weniger als 100 km? - JA!

und:

‚Kommt Feli in diesem West Highland Terrier wieder zu mir zurück?‘ - JA!

Am nächsten Tag ‚hörte‘ ich, dass der Name des Züchters mit ‚B‘ beginnen würde.

Bald schon recherchierte ich im Internet und rief 5-6 Züchterinnen an. Manche quasselten mir die Ohren voll, unangenehm, dass ich fast auflegen wollte, andere taten so professionell und gaben damit an, welche Sorgfalt sie bei der Züchtung anwendeten (Gentests etc.).
Die meisten wohnten in Norddeutschland oder auch einer in Schwerin. Ich wollte mich nicht darauf verlassen, was wir ausgetestet hatten mit der 100 km- Nähe, sondern ein Gefühl bekommen.

Das machte ich einen ganzen Tag lang.

Am nächsten Tag dann fand ich auf einer anderen Website eine Züchterin, Frau B., nicht sehr weit entfernt von meinem Wohnort, der ich aufs Band sprach.

Sie rief zurück und sprach mir auf den AB.

Als ich sie Abends wieder anrief, hatten wir ein sehr schönes Gespräch, während dem ich, ohne es bewusst zu wollen, ein Herz ♥ hinter den Namen zeichnete…

Sie sprach von einem Hund als ihr ‚Sonnenschein' und von einem anderen, der sie ‚anlachte', meine Sprache!

Ja, ihre Hündin war trächtig!

Ich hatte auch schon die Tage überlegt, dass es günstig wäre, einen neuen Hund im Juni, nach meiner Reise im Mai zu bekommen.

Dafür müsste er jetzt im März geboren werden.

Nebenbei: natürlich kann ich keinen Hund nehmen, der schon auf der Welt ist, denn da könnte Felisha ja nicht rein! Es muss also ein Hund sein, der noch nicht auf der Welt ist, möglicherweise aber schon als Fötus in einem Hundemutterbauch!

Als ich einmal Feli im Geiste rief, sie solle sich mir zeigen - das war in den Tagen, bevor ich mit den Züchtern Kontakt aufgenommen hatte - ‚sah' ich ein Fötusgesichtchen mit geschlossenen Augen…

Frau B. sagte noch, dass ein 'T' in dem Namen vorkommen solle.

Ich antwortete: ‚Der Name steht aber schon fest!'

Später kam mir, wie w i r ein ‚T' in den Namen basteln könnten:

FRIDOR von THEOS!!!

29

Als mir der Name einfiel, musste ich laut auflachen, wie auch andere, denen ich davon erzählte.

Immer wieder überkommt mich das Gefühl, als würde ich am liebsten durch meinen Garten tanzen.
Dieses Gefühl war auch schon da nach der kineosologischen Sitzung mit Vesna.

Und ja, am nächsten Tag war ich in der Lage ins Hundegeschäft zu gehen und das Abgrenz-Gitter, das die Besitzerin mir geliehen hatte, zu kaufen... für FRIDOR!
Ich strahlte wohl so, dass die Dame des Hundeladens etwas verdattert kommentierte: ‚Sie scheinen ja im Frieden damit zu sein'. ‚Naja', antwortete ich,'nicht so, aber ich freue mich so sehr, weil ich das Gefühl habe, dass dieser Hund etwas mit Felisha zu tun hat...'

‚Heute muss ich das erledigen mit dem Geld, das Bezahlen der Behandlung von Felisha bei der Tierarztpraxis.' Morgens war ich um 4.30 Uhr aufgewacht mit einem ‚Flash' von zwei Bildern: einer weiß/ schwarzen Rose mit geradem Stiel auf leuchtend blauem Hintergrund und einem kleineren Bild, auf dem ein Regenbogen zu sehen war und darunter die verschiedenen Utensilien und Geräte, mit denen Feli behandelt worden war. ‚Unterm Regenbogen'*... das vermittelte ein Gefühl von Geborgenheit und wie liebevoll alle Felisha und auch mich begleitet hatten und dass die Behandlung unter einem guten Segen stand!

Die weiß-schwarze Rose auf blauem Hintergrund hatte etwas sehr schlicht-elegantes…

Ich brauchte fast den ganzen Tag dafür, aber es war der Abschluss und auch zu Ehren von Felisha!

Ich wollte das alles erledigt haben, denn -
‚Am nächsten Tag, Freitag, den 9. März, fahre ich zu der Züchterin.

Ich darf bei der Geburt dabei sein!'

Eigentlich ist es der Tag der Niederkunft, es könnte jedoch sein, dass es noch ein bis zwei Tage länger dauert.

Vor vier Wochen lag ich bei Feli, als sie ihren Körper verließ und jetzt bin ich dabei, sie wieder zu empfangen bei ihrer Geburt in einem neuen Körper…
Was für ein magical Wunder…!!!

*Tatsächlich erschien ein wunderbarer Regenbogen am Himmel durch den erfrischenden Regen, während die Mamahündin in den Geburtswehen lag!

In der Nacht des 13. März kam Fridor dann auf die Welt. Nun musste ich der Züchterin den Namen verraten.

Ich machte mir Gedanken, was ich der Züchterin über den Namen sagen kann und wie ich ihr ‚THEOS‘ erkläre. Mir kam, es so zu beschreiben:

Theos ist wie der Himmel und es ist aber nicht ein weit entfernter Ort, sondern man kann auf Theos sein, während man hier auf der ERDE weilt, es ist eine Sache des Bewusstseins, der Wahrnehmung und -

man kann da ganz sich selbst sein und sich ausdrücken, nicht nach der Vorstellung, sondern einfach, frei, wirklich… ganz!

Es ist der Himmel auf Erden, Himmel und Erde – endlich – verschmolzen…

AND SO IT IS!

Ich frage mich, wie das sein kann, dass tatsächlich eine Seele reinkarniert, wieder in einen neuen Körper kommt, also einfach alter weg, neuer her…

Antwort von Kuthumi: ‚hmmm, das ist gar nicht schwer'…

Es ist einfach so, dass die Seele sich entscheidet,
wieder zu kommen
und - schon geht das…
die Basis bei euch ist die große LIEBE, die ihr zueinander hegt,
das ist der Grund!

Kommt dir das bekannt vor? - Oh, Ja!

FRIDOR:

Frieden
Frei - free
Adoration
d'or - von Gold

FRIDOR von THEOS

33

Über Kuthumi

KUTHUMI LAL SINGH ist einer der Aufgestiegenen Meister des ‚Crimson Council', der Weißen Bruderschaft, die der Menschheit dabei hilft, den vor 2000 Jahren gepflanzten Christus-Samen, das Christusbewusstsein zum Blühen zu bringen. Das ist die eigentliche Bedeutung der Wiederkehr des Christus, in jedem einzelnen Menschen, der dafür bereit ist heutzutage auf dem Planeten Erde, das 'Ich Bin auch GOTT'.

Er hatte viele Inkarnationen auf der Erde, in denen er seinen unermesslichen Schatz an Lebenserfahrungen und Weisheit sammelte und diese durch Channelings weitergibt.

Er ist bekannt für seine Leichtigkeit, seinen Humor und die einfache Weisheit, mit der er tiefe spirituelle Wahrheit vermittelt.

(mehr über Kuthumi: http://ich-echo.de/startseite/kuthumi-lal-singh/)

Über die Autorin

Cora A. Schwindt ist Malerin, Künstlerin und hat zusammen mit Kuthumi den 'SALON der FREUDE' gegründet. Hier finden unterschiedlichste Veranstaltungen statt, die alle dazu dienen, ein Leben in der Verbundenheit mit der eigenen Seele zu verwirklichen.
Sie ist nahe verbunden mit verschiedenen Aufgestiegenen Meistern und Erzengel Michael, mit denen sie auf Augenhöhe Umgang pflegt.

Sie wählte für ihr Leben, was sie will und am meisten liebt und das ist, dass das Reich ‚Oben' sich hier auf der Erde entfalte, nicht erdgebunden, sondern ungebundenes freies Feiern des Inneren Lichtes und der Liebe.

Sie lebt und arbeitet in Ihrem Atelierhaus 'CoraCore' in Dreieich, Deutschland.

Mehr über Cora:

www.ich-echo.de,
www.corakunst.de
facebook: Cora Schwindt
YouTube: Cora A. Schwindt

FREEDOM

Dedication

I dedicate this book to all, who believe in the unconditional Love and in Life and are ready to open up to the 'MORE'

Cora A. Schwindt

Felisha Ж FRIDOR

In LOVE everything is possible

Content

Preface

What do the two butterflies on the cover have to do with a story about a dog?

The butterfly is a wonderful symbol for transformation. First, it lives as a caterpillar and then it transforms, turns into a butterfly.

In the end, this book is about transformation through awareness, about unconditional LOVE and about the freedom to be able to move and dance through the dimensions.

I was allowed to experience this together with my Golden Retriever Felisha.

While expanding my consciousness and hand in hand with it, transforming my body and mind, something similar happened with Felisha.

,I wonder, how can it be, that actually a soul reincarnates, comes back into a new body, just like:
old away, new here...‘

Because of our very close relationship over 14 years she was drawn, right after she left her body – that was no more quite functioning – back to me.

In this way I truly didn‘t have to live through the pain of grief, but rather concentrate to guide her through this process of travelling out and back to earth…

This marvellous being came back to me… this time equipped with the body and character of a West Highland Terrier – as a male!

She gave me a few signs in advance and after her crossing over, everything did fit together and I got a lot of clues that made it clear, that yes, it‘s all true and real.

I was allowed to accompany her throughout this process and realize, that death is an illusion and doesn't hold any limits to LOVE!

With an open consciousness, we become aware, that at the same time on other levels so much more is happening to us!

This story may encourage us to deeply trust one's own voice and inner perception and to open up to the infinite abundance, that life wants to bestow upon us and that we are able to receive.

1

Now she is here no more, she is gone, I don't see her around me anymore. She doesn't ask anymore: ‚Can we go for a walk now? ' or ‚Hm, yummy, please give me a piece of cheese, too...'

No, she is gone…

Two days before she went, I made a session with her.

I saw, that she was trembling heavily and thought by myself: ‚Oh, it's hard for her to go; she knows it, but it's difficult...'

So I lay down beneath her and caressed her and breathed with her. Soon she calmed down and let her head fall backwards on the soft blanket.

This was beautiful, because I could feel how much she trusted me…

The next day I felt very nervous and didn't know, what to do best.

In the afternoon, a friend came to my mind, who guarded Feli when she was young.

This Lady had had a few dogs and it came to me, that she could actually understand how I felt.

I called her and explained her, what was going on.

She said that it would be truly a salvation for her to euthanize her.

Therefore, on Saturday evening I called the vet at half past seven: ‚We can´t go on any longer. '

In the afternoon, I heard the sentence: ‚I cannot go on any longer! '. I didn't know exactly, if Feli had said that to me or if I said that to her.

Annette - that's the name of the vet – was on her way to the cinema with her husband; they already had their tickets. We agreed that she would call me as soon as they left the cinema at 10:30 pm. If I had decided to do it the same evening, she would come over or the next day on Sunday morning between 9 and 10 am.

I prepared everything, lit incense and arranged a few things. Then I lay down on my sofa and watched the movie ‚Das Zauberpferd' (‚The Magic Horse').

The content of the film corresponded so well with Felisha and what we were going through, it was a blessing!

At 10.30 pm, Annette called and I told her, we were ready.

She came accompanied by her husband, which was fine with me, because I like him.

I was supercool, lay down beneath Felisha and stroked her head, while I told an episode about the death of my dad, just for distraction and it matched the theme as well.

Annette said to Feli: ‚Well, you little moth', everything felt very calm and loving.

First of all she gave her the anesthetic syringe, but she couldn't find the vein and Feli had to twitch a bit, because it pricked. Therefore, Annette gave her the injection into her belly.

Feli relaxed and fell asleep. After that, she gave her the second syringe, so she would be able to go…

Well, it happened and Feli was redeemed.

The vet and her husband said goodbye and when I went back to Feli, I realized, that her body was still very warm.

That lasted for quite a while. I put her head again in place and ‚prayed', whatever that was in this moment.

Then I went off, probably to have a cigarette.

Later, when I looked after her, her body was stiff and cold.

For the first time again, I slept in my bed.

All the time before, I had slept in the wintergarden to be close to her.

Although, from time to time, she would seek another space to sleep, either in the hall or in the windscreen. Perhaps she wanted to rather withdraw a bit and not to be that close.

What´s more, she hasn't slept in my bedroom for years now.

2

One Saturday in January I had a session with my friend Vesna, a vision travel and I knew, I had to do one, although Vesna suggested another technique. But I prefer to be creative and invent my experience.

Here's the journey:

In the beginning I was in a mud-pool and I knew, that this would be excactly, what I needed the most.

I asked Archangel Michal to come in. There were some little angelic beings hovering along the window-side as well.

When Vesna asked, if they were from the Great Central Sun, this was confirmed.

I asked him, whether it is alright to call my mother. Yes, it was alright.

I called her in. She, too was accompanied by some Angelic Beings.

I told her: ‚I have a bone to pick with you' and that she has been abusing me; she had stolen my life, only for her glory…

She reacted with: ‚Your speech is overwhelming me, you are so strict, etc.'

Then she tried all sorts of diversionary maneuvers by telling about her sadness about this and that. She also reported that she didn't feel nice in her feminity as a woman, and that she was not appreciated by her husband.

When I spoke to her about the rapes by the Russion soldiers during the war, she pulled herself together and wanted to leave.

I didn't allow that and told her, that she had to endure this now.

She asked to put her arms into the mud, which I allowed her to do. Then she asked, if she might dive into the mud completely, but at my request remained close to the edge of the pool.

There, something black was pulled out of her abdomen to the left corner of the pool, where it disappeared to be disposed.

After that, I ordered her to go back to the poolside and sit down.

I asked her to apologize for what she had done to me.

She didn't want to apologize, even when Vesna spoke to her and told her, that making mistakes is not bad, because one can always ask for forgiveness. And Vesna also told her, that I wanted to be finally free to live <u>my</u> life and that she would even be able to save this for herself and go into the light, when asking for forgiveness.

She didn't. Therefore, I called on her to ask for forgiveness on the count of three or otherwise she had to go. 1-2-3-… nothing.

So I commanded: ,OUT!' and she had to go.

I asked Archangel Michael, if we can leave this like that. YES! was the answer.

I felt marvellous!

Then a wonderful transformation happened.

Hundreds of light balls came in like a fountain and cleared everything; the floor, the pool…

After all that, I climbed down the rocks behind the mudpool-building beyond the waterfall there. Everything smelled wonderfully of fresh water and nature.

Once there, I leaned my back against the rocks to strengthen and absorbing the invigorating energy.

Then I went to the beach. I lay on the warm sand and felt very well.

Diagonally behind me, there was somebody. It was Saint Germain. He said: ,You did well with the mother'. Then he spoke:

,From now on you are advocating, speaking for yourself, interceding for you!'

Then Kuan Yin was sitting right side in front of me, holding an oval bowl with Lotusflowers in her hands.

47

I absorbed the fragrance and freshness of the petals, and I also perceived the space between the water and the petals and took it in.

Kuan Yin said: ‚You should have it all, in the name of All'…

And a few more things she said…, that it was so beautiful, that I could express all the crazy things within me and that I should do this more and let it all out!'

I take in the freshness of the flowers deeply inside, into my HEART.

Something dark comes out of my heart.

I say ‚It has been so hard to bear this, it almost broke my heart!'

It should be discarded.

We carry it to the octopus lying on the beach. He somehow had the charisma of a unicorn.

He took it in and brought it with strong strokes to the seabed, where there was a disposal station.

I thanked and was redeemed.

My heart could merge again and become ONE.

It was healed and whole now!

3

After that, we went to a gazebo on the beach. Many Masters were gathered there and also a few pink SunAngels, that were hovering funnily behind each other at the edge of the pavilion.

Everybody was dressed up and it smelled of Champagne. We chinked glasses and it was a very festive and elegant atmosphere.

I dared to ask: ‚Tell me, Kuthumi, the other Masters and friends know about us, our love relationship. Is it appropriate, that we show ourselves amongst them as a couple and that we occur as lovers here on this plain?
The Masters whisper with each other until a younger Master (about 12 years old) breaks away from the crowd and comes to us.
The young Master bows and puts a flower at my feet.
Thus, we stand under the floral arc.
It moves me to tears, but it's too strong for me.
And so I say ‚casually cool': ‚That's what I thought!'

We asked about Felisha and what she needs for her body.

Walks and excursions, very good for Cora, too.
Many pats, tenderness.
Looking deep into her eyes, comforting her
about the suffering, that she has seen through me.
This has frightened her as well.

To whisper LOVE into her ear, to kiss her ear.
This heals Cora, too.

To be a little more patient with myself and her.

To give us more time.

I do not have to be fast.

I can be calm and comfortable, don't need to do everything at once.

I'm allowed and can just at times lean on Kuthumi.

Let it go well for you!

Then I saw an animal standing close to the Masters under the pavilion; a dog or a cat, looking quite etheral, slightly pervious.

I asked what it was and I was told I would recognize that.

Then we dispersed the gathering.

The following day, Sunday, the 29th of January I decided to go to the vet with Felisha and have her examined.

She had not eaten anything since Friday and on Saturday and Sunday, she only wanted to go for a very short walk and then back again.

I saw that indeed now something was truly wrong with her.

Yes, she already had that firm belly for a long time.

During summer, she has had a phase of a very strong, even partially bloody diarrhea. The naturopathic doctor prescribed her a ‚diet of exclusion' und lots of drugs (with only natural ingredients).

Six weeks only horsemeat…

But anyway, after some weeks I called this doctor again, because Felisha's belly seemed too thick to me.

She came and applied a few acupuncture needles, palpated the belly of Feli and said, it was just flatulence, and this would be the reason for the belly being so hard.

'Well, better, as if it were something bad,' I thought.

This was a misdiagnosis, of course.

And – I believe, this has all been just right.

Because this way, how things were developing and unfolding, everything could be clarified, redeemed and recognized.

This was and is so very precious!

4

After my decision on that Sunday in January, I went to the vet with Feli on Monday. There, we discovered by medical ultrasound and taking X-rays, what was going on.

The doctors suggested two options: either euthanize - because the pain would be too horrible for the animal if the tumour bursts… or operate.

Tears welled up in my eyes.... I would lose Felisha, I knew that well…
I opted for surgery as the bond between us felt so alive and close.

The next day, on Tuesday, Felisha was operated and I saw the tumour: head-sized and about four kilos!

I realized at this sight, how the feeding 'virus' soaks up all the energies of life and feeds of them, grows fater and fater and he pushes all the other healthy organs aside…
Yes, this is the way, this consuming energy is working…
It eats up LIFE and pushes aside everything alive, happy and healthy!

And then I realized, how Feli has been carrying this dark with me and for me the whole time.
In the session with Vesna this dark has been taken out of my heart and now Felisha could be freed from it as well.

Even with my mother, something dark has been pulled out of her body and disposed.

Then I realized, that Feli and I are truly ONE, although in two bodies,
but actually o n e !
Moreover, there is such a tremendeous LOVE!

Feli had carried this along all the time, for the sake of me,
or as well: she had been with me all the time; fourteen years; otherwise I
wouldn't have made it!

I also remembered today how she limped for a long time. It had been
pronounced so strongly, that I could barely look.
When my knee healed, since Kuthumi made himself visible in my life,
her hobbling stopped, too! She was able to run, hop, jump and climb up
the stairs!

Yes, she also had received a Lightbody with me…

THAT is true!

I felt that way more often, when I was shifting. When something
changed inside my body, Felisha would look me in the eyes and
was aware of this as well. Sometimes I told her: ‚Ok, you have to
deal with this now, even when it feels a bit weird, just allow it to
happen.'

5

I almost fainted three times after Feli went to the other side, total weakness. One time it has been at the beginning of the ballet performance that I visited with my son and his girlfriend right after the funeral of Felisha. They had given me a ticket as a gift and I decided I should do this; go there after all this quite exhausting time of accompanying Felisha.

I could barely stand on the chair.

When the first piece started, I got goosebumps all over my body, one after the other and the weakness was blown away, yes, I could completely go with the joy, the dancers and the music were transmitting.

The other time it happened during my piano lesson the next day, on Monday. I couldn't take in anything anymore and almost slipped of the piano stool. My piano-teacher understood and was very kind to me.

I believed, this was my way of mourning, as I cannot cry so well…

I cried a few times, but only for a short moment. One time even during a phone call with my daughter Kerstin. That took me by surprise!

I do not remember the first faintness anymore.

It could be and this is, what I believe: these weaknesses in reality were triggered, when I was ‚out‘ too intensely and with Felisha, so to say with her on the other side…

As I am writing this, a sense of security and warmth flows through me just like a confirmation for my idea which I described above.

A few years ago I had learned in a course to guide passed souls through the Near Earth Realms and through the Crystalline Realms to ‚Bridge of Flowers‘, to their original Angelic Families and I had practiced this more often by now. I think it has been some kind of version of this with Felisha.

Yes, somehow I felt like I ‚died' there with her – while staying in the body… and I am about to get a new body by now, it is just forming.

I recognized this during my last massage at Marianne, to whom I have been going for years. She stated, that my body felt as if I were there for the very first time.

I myself felt a bit like I was an alien… I saw clairvoyantly something like skincolored tubes around my arms and legs - of what material ever - that partially were still located loosely in one another.

When Marianne said, that it was very good, that I came to her right now and that the massage would surely support the process I was in, I felt, that her healing hands didn't even reach my new body...

(next time, by the way, it hasn't been like that anymore)

The second morning after Felisha left, I woke up and ‚saw', half asleep, how she was laying beneath the stairs leading to the garden with her head towards the garden and – on the left side once again with her but towards the garden. She had doubled!

I had to laugh out loud, what an idea! She was able to do the very thing, that I, at least by now, have not yet accomplished! The sight was so funny and it had a touch of Kuthumis humor!

It reminded me a little of Sphinxes, but her head wasn't held with her face upwards like when she was guarding, but was rather crouched on the ground.

Then, I ‚saw' a ‚Pixi', an Elf in the middle of my garden, walking towards the area, where the Fairy Kingdom and my Stone-LOVE-Sculpture are located.

Before that, I was told: ‚Head off!', meaning that I should turn off my mind, my rational thinking, then I will be able to perceive the Pixies and so much more, that exists on those other levels.

By the way, Felisha would always go there, shortly before her ‚death', as if she wanted to say goodbye to the Nature Spirits, that live in this area of my garden.

The Elf had about the size of a 9-year-old child. It was a boy and he had spindly limbs, quite similar to Felisha at the end.

Friday evening, one day before she was euthanized on the 10th of February, which I indeed didn't know at the time..., I sang to her the visionary journey, that I had accomplished with Vesna.

This travel had so much to do with what Felisha has done and carried for me and what we had experienced together.

Afterwards the whole space was filled with such LOVE and with stillness, into which we dived deeply together.

A part of the text I sang to her once more, during the time, when we were waiting for the return call from the vet Annette after her cinema visit.

What Feli left me:

First of all, it is ok to accept love and support from other people, when one's own love is not enough; that I may be ‚weak' at times. Until now I always thought to have to do it all by myself...One time when I realized, that I couldn't bare it all just alone, I asked my son Victor and another time also Vesna to come and share their company with us.

The other thing is, that I don't always have to keep everything so pure. LIFE is more important! In life it's about something more essential and I don't need to spend so much energy on that everything to be ‚p u r e'.

Even before her death I had the feeling of utmost joy and lightness! As if death did not even exist!

When going to a flower shop after her death to buy a few plants for her grave, I stood in front of the votive candles, which are actually very practical with their lid, so the candles don't go out.

I stood there and, immediately, I felt reminded of the feeling people have when standing at a grave; the feeling of death. And inwardly I said loud and clear:

‚No, we are not stupid, we do not commit ourselves to DEATH!‘

Actually, during last summer, I had had the impression, that Feli could leave soon. I didn't want to accept that. I'd rather prefer to talk myself into: ‚Ah, perhaps she is going to be eighteen years old...‘

Shortly before the real diagnosis was made, I went past Felisha twice, not paying any attention to her, ignoring her completely as if I were hiding her presence.

This took me by surprise, it seemed so harsh to me.

It could be that I unconsciously told her she could leave…

After she had left, I heard to myself telling someone: ‚it was long overdue...‘

Oh, yes, we loved each other so much. That's why it took us so long, until everything was through and nothing left!

After the operation, I was sitting beneath Feli for hours; next to the box in the veterinary practice, where she got her infusions. I was reading an interesting book, which was good, because it was distracting me.

Later, I gave her the infusions at home, locked her bed with a wooden railing that the boss of the dog food storage had lent me.

From time to time Felisha got up and walked away and knocked over the stand with the infusion bottle; that was quite exciting! It was also funny, when she walked around with the blanket, I had covered her with, somehow like ‚undercover...'.

During these days I embraced her a lot, kissed her and whispered LOVE into her ear…, carried her the steps up and down, when she didn't walk by herself and also carried her into the car etc.

It was funny and casual, when I just took her by the back of her body, her hind legs aside and put her down like that… because she was no more able to lie down by herself.

Sometimes I spoke the words ‚I love you' in her ear; these magical words and this made such a difference for me as well!

It was, as if I would tell this to myself, too, in this moment.

I can only recommend it: find someone to whom you can speak these words and you will see what happens!

7

During these days I watched the movie about a horse ‚AMANDA‘; such a great being and it bore resemblance to Felisha about what it did!

Occasionally it seemed as if Feli had been my horse in another lifetime… and as a younger dog, she surprised a few people with her trotting like a horse…

Once when I was laying beneath her, she sent me pictures of two places, where we went on trips to.

I got a bit scared, because I suspected, that she was looking back on her life and wanted to thank me for those beautiful moments.

On the day after her operation she ate four times and when we went for a walk, she was trotting almost all the way, she felt so free without the weight of the tumor!

After that, her health was deteriorating, because her blood levels developed very badly and her body was using the bone marrow to balance, which drained her of strength.

She wouldn't eat anymore and one day I decided to leave her alone with all the medications and infusions.

Since this Wednesday, she was like balancing on a rope between LIVING and DYING… this has been so blatant!

The day before she left her body I discovered turkey breast and cooked it in vegetable stock – Feli couldn't get enough of it! I bought some more and she ate with a huge appetite and pleasure, even licked the plate... that was probably her last slap up meal…

It was so beautiful to see her eating once more with such enjoyment!

One time in summer I ‚saw' a small, very funny and lively animal running around in my garden and the thought came into my mind: ‚Hm, my new animal will own such sort of character, will I be able to match with this in my age…?'

During this time I also had a ‚flash' of an animal face: white coat and pointed ears upside.
Was this a cat or a dog? I did not know.

Two or three days before she left, I was lying next to her, this face came to my inner eye again.
I turned to Feli:‚Did you just send me this?'

The name of the new animal had already been revealed to me as well: ‚Fridor'…

When I went to Amsterdam for my birthday, I spent the time with my daughter Grace and her girlfriend Iose and I only had one thing in my mind, in fact in my heart: I wanted to find out, if this animal face belongs to a cat or a dog. We found out, that it was the face of a dog. It fits better to me as a dog gives structure and he makes me go out of my house; it is also a different way of addressing and interacting with each other…

Iose said immediately, that this was the face of a ‚West Highland Terrier'.

I overcame my shyness and my heart and asked Grace to have a look in the internet.
This was the only thing I wanted to do.
Together we looked for breeders and at pictures of Westies.
It was amazing for me, that I went up to this that straight…

8

Back home again I made an appointment with my friend Vesna.

I asked Vesna to get answers to some questions I had, by using the cineosiological muscle test.

We asked:

‚Is it a ‚West Highland Terrier‘? -YES!

Is it a male dog?   -YES!
(this I had already felt and the name, too, is rather a name for a male)

‚Is the breeder within less than 100 km?‘   -YES!

and:

‚Does Feli come back to me as a West Highland Terrier?‘ -YES!

The next day I ‚heard‘ that the name of the breeder would start with a ‚B'.

Soon I searched in the internet and called about 5-6 breeders. Some of them beat my ears, unpleasantly, that I almost wanted to hang up; others played so professional and stated, how much care they used in breeding (genetic testings etc).

Most of them lived in Northern Germany and one lived in Schwerin. I didn‘t want to rely on what we had tested out about the 100 km-proximity, but rather get a feeling.

Finally, on another website, I found a breeder-Lady called Mrs. B., living about half an hour by car from my hometown, and I spoke on her answering machine.

She called back and spoke on my answering machine.

When I called her in the evening, we had a very pleasant talk, during which I – without conscious intention- draw a heart ♥ behind her name…

She spoke of one dog as her ‚sunshine' and of another, who ‚laughed' at her... my language!

Yes, her bitch was pregnant!

During these days, I already thought, that it would be propitious to get a new dog in June, after my trip. This meant that he would have to be born in March...

By the way: of course, I cannot take a dog that already is in the world, because there the being of Felisha would not be able to go in! So it has to be a dog, that is not born yet, but possibly exists as a fetus in the mother dogs womb!

One time, before contacting the breeders, I called Feli in spirit to show herself to me and I ‚saw' a face of a small fetus with closed eyes…

Mrs. B. mentioned, that a ‚T' should occur in the name.

I answered: ‚The name is already fixed!'

Later it came to me, how we can tinker a ‚T' into the name:

FRIDOR of THEOS!!!

9

When this name came to me, I had to laugh out loud – as well as others, when telling them about it.

Again and again the feeling overcomes me, as if I would like to dance through my garden.

This feeling was already felt after the cineosological session with Vesna.

And yes, the next day, I was able to go to the dog shop and to buy the wooden railing, that the owner had lent me... for FRIDOR!

I beamed so much with joy, the Lady of the shop commented somehow stunned: ‚You seem to be in peace with this...' ‚Well', I replied, ‚not so much, but I am so happy, because I have a feeling, that this dog has something to do with Felisha...'

‚Today I have to settle the money, the paying of the treatment of Feli in the veterinary practice.'

In the morning I woke up at 4.30 am with a ‚flash' of two pictures: a white/black rose with a straight stem on a bright blue background and a smaller picture showing a rainbow and below it the various utensils and devices, which Feli had been treated with. ‚Under the rainbow'*... that transmitted the feeling of security and how lovingly everybody had accompanied Felisha as well as me and that the treatment was under a good blessing!

The white/black rose on the blue background had something very simple, but elegant…

I almost needed half the day to paint this, but it was the conclusion and also in honour of Felisha!

I wanted to have it all done, because -

‚The next day, on Friday, the 9th of March I drive to the breeder.

I may be present at the birth of the dog!'

Actually, it is the calculated day of birth and it also could take another day or two.

Four weeks ago, I was with Feli when she left her body and now I am participating in her birth, receiving her again in her new body…

What a magical wonder…!!!

*In fact a beautiful rainbow appeared in the sky with the refreshing rain falling when the mamabitch was in labor!

On the night of the 13th of March Fridor was born. Now I had to reveal the Name to the breeder. I wondered what I could tell the breeder about the name and how I would explain ‚THEOS'.

It came to me like this:

Theos is like heaven, but it is not a far away place, but rather you can be on Theos while you are here on EARTH.
It is a matter of consciousness, awareness and -

You completely can be and express yourself there, not after a concept, but simple, free, real… whole!
It is heaven on earth, heaven and earth - finally - merged…

AND SO IT IS!

I wonder; how can it be, that actually a soul reincarnates, comes back into a new body, just like: old away, new here…

Answer from Kuthumi: hmm, that's not too hard…

The soul chooses to come back and – already, it works…
Your base is the great LOVE you have for each other,
that is the reason!…

Are you familiar with this? - Oh, Yes!

FRIDOR:

Frieden - Peace
Frei – Free
Adoration
d'or – of gold

FRIDOR of THEOS

About Kuthumi

<u>KUTHUMI LAL SINGH</u> is one of the Ascended Masters of the 'Crimson Coucil', the Angelic order of the White Brotherhood, that is helping humanity to become self – aware, so as to bring the Christ-seed to blossom, planted within each and everyone over 2000 years ago. This shift towards Christ-Consciousness is available to all and is happening today with many. That is the real meaning of the 'Return of Christ' – the conscious awareness within, while being here on planet Earth, the 'I Am God also'.

Kuthumi had many incarnations on earth, during which he gathered his immense treasure of wisdom that he loves to pass on through channellings.

He is known for his lightness and humor and the simple wisdom, with which he conveys deep spiritual truths.

More about Kuthumi: http://ich-echo.de/en/startseite/kuthumi-lal-singh/

About the author

Cora A. Schwindt is a painter and artist. She, together with Kuthumi, has created the 'SALON of JOY'. Here a variety of events are offered, all serving to better understand the dynamics of a human/soul relationship, living ones life in connection with SOUL.

She is closely connected to various Ascended Masters and to Archangel Michael, with whom she maintains contact at eye level.

She chose for her life, what she wants and loves the most and that is the ‚Realm Above' to unfold here on this earth, not earth-bound, but earth-free-celebration of the LIGHT and LOVE within…

She lives and works in her Atelierhouse 'CoraCore' in Dreieich, Germany

More about Cora:

www.ich-echo.de,
 www.corakunst.de
facebook: Cora Schwindt
YouTube: Cora A. Schwindt